O Menino e o maestro

A trajetória da música e da vida

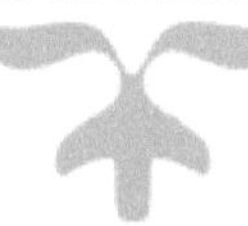

Escritor: Emerson Calejon

16 DE MAIO DE 2024
EDITORA HOME
emersoncalejon@live.com

O Menino e o Maestro

Emerson Calejon

Published by Emerson Calejon, Sr, 2024.

O MENINO E O MAESTRO

First edition. May 17, 2024.

Copyright © 2024 Emerson Calejon.

ISBN: 979-8224508877

Written by Emerson Calejon.

Also by Emerson Calejon

A jornada de Allan Karras
A Serenidade Interior
Do outro lado das Estrelas
John River: O último desafio
Luzes e Ensinos do Plano Astral
Mensagens que Auxiliam
O Caminho
Paixões na Madrugada
Palavras que Confortam
Palavras que Libertam
Reflexões de uma Jornada
Além das Estrelas
O Declínio da Coragem
Uma História de Vida
A Gota de Chuva
O Homem frente ao Ego
O Menino e o Maestro
Perguntas e Respostas sobre a vida Espiritual

CAPÍTULO 1

O Encontro no Teatro

Introdução

O Teatro Municipal, majestoso e imponente, era o local escolhido para uma noite especial. A visita ao teatro despertava uma mistura de emoções, desde a curiosidade até a expectativa do concerto que estava por vir. As luzes brilhantes e a arquitetura grandiosa criavam um ambiente de reverência e encantamento.

Visita ao Teatro

Ao adentrar o teatro, o público era recebido por uma atmosfera de elegância e história. Os lustres reluzentes, os detalhes ornamentados e a acústica primorosa convidavam a uma imersão no mundo da música e da arte cênica.

A visita guiada proporcionava a oportunidade de conhecer os bastidores, os camarins e a rica história do teatro, enriquecendo a experiência dos espectadores.

Expectativa do Concerto

A expectativa pairava no ar, palpável e eletrizante. O programa do concerto prometia uma jornada musical única, com a participação especial de um jovem talentoso e a regência do renomado maestro. A promessa de uma noite memorável aguçava a curiosidade e a ansiedade dos presentes.

Citações Famosas

"A música é a linguagem universal da humanidade." - Henry Wadsworth Longfellow

"A música exprime a mais alta filosofia numa linguagem que a razão não compreende." - Arthur Schopenhauer

"A música é a arte mais direta, entra pela orelha e vai para o coração." - Magdalena Martullo

A Chegada da Mulher e do Menino

Enquanto os espectadores tomavam seus assentos, uma mulher elegante e um menino de semblante sereno adentraram o teatro. A cumplicidade entre os dois revelava um laço especial, um elo que transcendia as palavras e se expressava através do olhar e dos gestos delicados.

Preparativos para o Concerto

A mulher, atenciosa e prestativa, auxiliava o menino nos preparativos para a apresentação. A afinação do instrumento, os ajustes finais no traje e as palavras de encorajamento evidenciavam a dedicação e o cuidado envolvidos naquele momento único.

Enquanto isso, nos bastidores, a orquestra afinava seus instrumentos e os últimos retoques na iluminação e cenografia conferiam um ar de magia ao palco.

Descrição do Menino

O menino, de expressão serena e olhar profundo, emanava uma aura de tranquilidade e confiança. Sua postura revelava uma maturidade incomum para alguém de sua idade, e sua paixão pela música transparecia em cada gesto e movimento.

Seus dedos ágeis e precisos deslizavam pelas cordas do violino, como se dançassem em harmonia com a melodia que ecoava em sua mente.

O Início do Concerto

Com a plateia devidamente acomodada e a expectativa atingindo o ápice, as luzes suavemente se atenuaram, anunciando o início do concerto. O silêncio reverencial envolveu o teatro, preparando o terreno para a entrada do garoto no palco.

O Garoto no Palco

O menino, agora iluminado pelos holofotes, irradiava uma presença magnética. Seu olhar perpassava a plateia, transmitindo uma conexão íntima e pessoal com cada espectador. O silêncio era cortado apenas pelo suave murmúrio das vestes do menino, enquanto ele se posicionava para iniciar sua performance.

A Escolha da Melodia

Com um gesto gracioso, o menino ergueu seu arco e, num movimento fluído, deu início à melodia. Cada nota, cada acorde, era entoado com uma expressividade que transcendia as fronteiras do comum. A música fluía como um rio de emoções, envolvendo a plateia em sua cadência hipnótica.

A Reação da Plateia

À medida que a melodia se desenrolava, a plateia experimentava um turbilhão de emoções. A surpresa inicial cedia lugar a uma incompreensão reverente, um sentimento de estar diante de algo genuinamente extraordinário. A música do menino ecoava nos corações e mentes dos presentes, desafiando expectativas e expandindo horizontes.

Surpresa e Incompreensão

Os primeiros acordes provocaram uma reação de surpresa e desconcerto. A plateia, acostumada a um repertório mais tradicional, via-se diante de uma proposta inovadora e desafiadora. A quebra de paradigmas musicais despertava um misto de perplexidade e fascínio.

Abertura das Cortinas

Enquanto a música fluía, as cortinas do teatro pareciam se abrir não apenas fisicamente, mas também metaforicamente. Uma nova perspectiva se delineava diante dos espectadores, convidando-os a explorar territórios musicais até então inexplorados.

Pense e Reflita

Como a música pode abrir novas perspectivas em nossas vidas, convidando-nos a explorar territórios até então inexplorados? Assim como as cortinas do teatro se abrem, a música nos convida a abrir nossos corações e mentes para novas experiências e emoções. Reflita sobre como a música pode ser uma jornada de descoberta e crescimento pessoal.

Conclusão do Capítulo

O encontro no teatro representava mais do que um simples concerto. Era um momento de ruptura com o convencional, um convite à reflexão e à apreciação da beleza que pode surgir quando nos permitimos ser surpreendidos. A importância daquele momento ecoaria muito além das paredes do teatro, deixando uma marca indelével nos corações daqueles que testemunharam a magia da música.

CAPÍTULO 2
O Concerto do Maestro
Preparativos para o Concerto

O palco estava sendo meticulosamente preparado para o aguardado concerto do renomado maestro. Os músicos afinavam seus instrumentos, os técnicos de som ajustavam os últimos detalhes e a atmosfera no teatro era de expectativa e antecipação. A plateia, composta por amantes da música e curiosos, aguardava ansiosamente pelo início do espetáculo, criando uma energia palpável no ar.

Montagem do Palco

A montagem do palco era um verdadeiro espetáculo à parte. Os holofotes iluminavam o cenário, destacando os instrumentos dispostos estrategicamente, prontos para serem tocados. Cada detalhe era pensado para criar o ambiente ideal para a performance musical que estava por vir. A simetria e a harmonia visual do palco refletiam a excelência que seria apresentada na música.

Expectativa da Plateia

Na plateia, os espectadores conversavam animadamente, compartilhando suas expectativas e comentando sobre a reputação do maestro. Alguns sussurros de admiração ecoavam pelo teatro, enquanto outros se deleitavam com a beleza da arquitetura e da decoração. Todos aguardavam com grande expectativa a entrada triunfal do maestro e o início da apresentação.

Apresentação do Maestro

O momento tão aguardado chegou quando as luzes do teatro diminuíram gradualmente, anunciando a iminente aparição do maestro. Uma aura de respeito e reverência envolveu a plateia, preparando o terreno para a entrada triunfal do regente. E então, no auge da expectativa, ele surgiu no palco, irradiando carisma e confiança, conquistando imediatamente a atenção de todos os presentes.

Entrada Triunfal

O maestro adentrou o palco com uma presença magnética, sua postura ereta e seu olhar determinado transmitiam uma sensação de autoridade e domínio. Cada passo era calculado, cada gesto carregado de significado. O público, em silêncio reverente, acompanhava cada movimento, absorvendo a energia que emanava da figura imponente do maestro.

Descrição do Maestro

O maestro era uma figura imponente e carismática. Sua elegância natural e sua expressão serena inspiravam confiança e admiração. Vestido com trajes impecáveis, ele irradiava uma aura de autoridade e sabedoria, conquistando a atenção de todos com sua presença magnética. Seus gestos eram precisos e cheios de emoção, demonstrando sua profunda conexão com a música e sua capacidade de transmitir sentimentos por meio da regência.

Repertório e Execução

O maestro, após cumprimentar a plateia com um gesto gracioso, dirigiu-se à orquestra e deu início à execução do repertório cuidadosamente selecionado. Cada peça musical era uma jornada emocional, uma narrativa sonora que cativava os ouvintes e os transportava para universos de beleza e significado. A maestria do regente se revelava em cada movimento, em cada nota, em cada silêncio carregado de expectativa.

Seleção de Músicas

O repertório escolhido pelo maestro era uma combinação de clássicos consagrados e composições contemporâneas, demonstrando sua versatilidade e sua capacidade de transcender as barreiras do tempo e do estilo. Cada peça musical era uma escolha cuidadosa, destinada a criar uma experiência única e memorável para a plateia, revelando a profundidade de sua compreensão e apreciação da música em todas as suas formas.

Interpretação e Técnica

A execução das músicas sob a regência do maestro era uma demonstração de virtuosismo e sensibilidade. Sua interpretação transcendia a mera reprodução das partituras, elevando-se a um nível de expressão artística que tocava as fibras mais íntimas da alma. Cada gesto, cada movimento do maestro influenciava a dinâmica da orquestra, resultando em uma performance de rara beleza e impacto emocional.

Teste Seu Conhecimento

Qual era a característica marcante da execução das músicas sob a regência do maestro?

1. Perfeição técnica
2. Expressão artística e sensibilidade
3. Rapidez na execução
4. Volume alto

Interatividade com a Plateia

O maestro, em um gesto de generosidade e abertura, convidou a plateia a participar ativamente da experiência musical. Ele estabeleceu uma conexão íntima com os espectadores, convidando-os a compartilhar suas emoções e a se deixar levar pela magia da música. A interatividade criou um vínculo especial entre o palco e a plateia, transformando o concerto em uma experiência coletiva e inesquecível.

Participação dos Espectadores

A plateia, inspirada pela energia contagiante do maestro, respondeu com entusiasmo e entrega, participando ativamente da experiência musical. A emoção compartilhada entre o palco e a plateia criou um ambiente de comunhão e cumplicidade, onde as fronteiras entre os artistas e os ouvintes se dissolveram, dando lugar a uma experiência coletiva de beleza e significado.

Momentos de Emoção

O concerto foi pontuado por momentos de intensa emoção, onde a interatividade entre o maestro, a orquestra e a plateia atingiu o ápice. O silêncio reverente, as palmas entusiasmadas, as lágrimas furtivas, todos esses elementos contribuíram para criar uma atmosfera de comunhão e transcendência, onde a música se tornou um veículo para a expressão das mais profundas emoções humanas.

Você Sabia?

O Concerto do Maestro

- Interatividade com a Plateia
- Momentos de Emoção

O concerto foi pontuado por momentos de intensa emoção, onde a interatividade entre o maestro, a orquestra e a plateia atingiu o ápice. O silêncio reverente, as palmas entusiasmadas, as lágrimas furtivas, todos esses elementos contribuíram para criar uma atmosfera de comunhão e transcendência, onde a música se tornou um veículo para a expressão das mais profundas emoções humanas.

Conclusão do Capítulo

O concerto do maestro deixou uma marca indelével na memória de todos os presentes. Sua maestria, sua sensibilidade e sua capacidade de conectar-se com a plateia elevaram a experiência musical a um patamar de excelência e beleza. O impacto da apresentação reverberou muito além das paredes do teatro, ecoando na alma de cada espectador e reafirmando a importância da música como uma linguagem universal capaz de tocar os corações e as mentes de todos aqueles que se permitem ser cativados por sua magia.

CAPÍTULO 3
A Melodia do Garoto
A Descoberta da Melodia

A melodia que encantou a plateia naquela noite no teatro teve sua origem em um lugar inesperado. O garoto, com sua curiosidade infantil, descobriu a melodia enquanto brincava em seu quintal. Os sons da natureza, o vento soprando entre as árvores e o canto dos pássaros, tudo isso se fundiu em sua mente criativa, dando origem a uma melodia única e cativante.

Para o garoto, a melodia representava muito mais do que apenas notas musicais. Ela carregava consigo as memórias felizes de sua infância, os momentos de inocência e alegria que ele vivenciou. Cada nota era como um fragmento de sua própria história, uma expressão de sua alma infantil e pura.

Expressão Musical

Ao levar a melodia para o palco naquela noite, o garoto expressou sua musicalidade com espontaneidade e criatividade. Sua interpretação foi marcada pela liberdade de expressão, pela capacidade de transmitir emoções puras e genuínas por meio da música. Cada nota era uma extensão de sua personalidade, uma manifestação de sua conexão com a infância e com o mundo ao seu redor.

A melodia do garoto refletia a simplicidade e a beleza da vida, sem as amarras da complexidade adulta. Sua expressão musical era um lembrete para todos na plateia sobre a importância de manter viva a criança interior, de valorizar a autenticidade e a pureza nas formas de expressão artística.

Impacto da Melodia

O impacto da melodia do garoto foi imediato e profundo. O maestro, ao ouvir as primeiras notas, foi tomado por uma mistura de surpresa e admiração. A pureza e a originalidade da melodia tocaram seu coração, levando-o a reconhecer o talento genuíno e a sensibilidade artística do garoto.

Na plateia, a repercussão da melodia foi intensa. As pessoas, inicialmente surpresas com a presença do garoto no palco, foram envolvidas pela beleza e pela emotividade da melodia. Muitos se viram transportados para suas próprias memórias de infância, revivendo momentos de inocência e alegria através da música do garoto.

Conclusão do Capítulo

A melodia do garoto trouxe consigo importantes lições sobre a simplicidade e a autenticidade na expressão artística. Ela nos lembra da beleza que reside nas experiências genuínas e na pureza das emoções. A capacidade do garoto de criar uma melodia tão impactante a partir de suas vivências infantis nos inspira a valorizar a autenticidade e a originalidade em todas as formas de expressão artística.

CAPÍTULO 4
As Cortinas se Abrem
Expectativa da Plateia

A atmosfera no teatro era carregada de expectativa. O silêncio pairava no ar, interrompido apenas pelo sussurro suave dos espectadores. Cada pessoa na plateia aguardava ansiosamente o início do concerto, com os olhos fixos no palco iluminado.

O silêncio antes da abertura das cortinas era como uma tela em branco, pronta para ser preenchida com as notas e melodias que estavam prestes a ecoar pelo teatro. A antecipação era palpável, e a energia no ambiente era eletrizante.

Momento de Surpresa

Quando o garoto subiu ao palco, uma onda de murmúrios percorreu a plateia. Alguns espectadores inclinaram-se para a frente, curiosos para ver o que estava prestes a acontecer. Outros franziram a testa, sem compreender completamente a presença do garoto no centro do palco.

A incompreensão inicial deu lugar a uma sensação de surpresa e intriga. O garoto parecia tão jovem e frágil diante da imponência do teatro, mas algo nele transmitia uma aura de confiança e determinação que capturou a atenção de todos.

Revelação do Maestro

Em meio à expectativa da plateia, as cortinas se abriram lentamente, revelando a figura imponente do maestro. Sua entrada foi majestosa, e sua presença encheu o teatro com uma aura de autoridade e carisma. Os olhares se voltaram para ele, ansiosos para testemunhar sua reação diante do garoto no palco.

O maestro observou o garoto com atenção, como se estivesse decifrando um enigma. Sua expressão revelava uma mistura de surpresa e admiração, e seus olhos brilhavam com a compreensão da ação do garoto. Era evidente que algo extraordinário estava prestes a acontecer.

Impacto na Plateia

A combinação musical entre o garoto e o maestro provocou uma reação intensa na plateia. As notas se entrelaçavam de maneira harmoniosa, criando uma sinfonia que ecoava nos corações dos espectadores. A percepção da intenção por trás da colaboração entre o garoto e o maestro se tornou clara, e a plateia foi envolvida por uma onda de emoção e admiração.

O impacto da música era palpável, e as expressões dos espectadores variavam de encantamento a reverência. A combinação musical transcendia as expectativas e tocava as fibras mais profundas da alma de cada pessoa presente no teatro.

Conclusão do Capítulo

A abertura das cortinas representou mais do que apenas o início de um concerto. Foi o ponto de partida para uma jornada musical e emocional que transformaria a vida de todos os presentes. A revelação do maestro e a impactante combinação musical entre o garoto e o maestro marcaram o início de uma experiência que ecoaria muito além das paredes do teatro.

A abertura das cortinas simbolizou a revelação de uma conexão especial, um momento de revelação e compreensão que desencadearia uma série de eventos significativos. A relevância desse momento para a narrativa era inegável, pois representava o catalisador para uma jornada repleta de descobertas e transformações.

CAPÍTULO 5
A Surpresa da Plateia
Reação Inicial da Plateia

Ao iniciar a apresentação, a plateia foi tomada por uma mistura de confusão e estranhamento. A presença inesperada do garoto no palco, em meio a um concerto conduzido por um renomado maestro, gerou um momento de surpresa e questionamentos. Alguns espectadores não sabiam como reagir diante da quebra das expectativas tradicionais de um concerto de música clássica, enquanto outros demonstravam curiosidade e expectativa diante do que estava por vir.

A atmosfera no teatro se tornou carregada de uma energia incomum, com murmúrios e olhares surpresos se espalhando pela plateia. A presença do garoto despertou um debate silencioso entre os presentes, criando uma atmosfera de expectativa e incerteza sobre o que estava prestes a acontecer.

Percepção da Interação

Conforme a apresentação avançava, a plateia começou a compreender a dinâmica musical que se desenrolava diante de seus olhos e ouvidos. A interação entre o garoto e o maestro revelou-se como um momento de pura magia, onde a música transcendia as barreiras tradicionais e se tornava uma expressão viva e pulsante.

A admiração pela coordenação entre o garoto e o maestro se tornou evidente à medida que a plateia testemunhava a harmonia entre a espontaneidade do garoto e a maestria do condutor. A interação musical se transformou em uma dança de notas e emoções, cativando a atenção e o coração de todos os presentes.

Expressões de Encantamento

À medida que a apresentação atingia seu ápice, as expressões de encantamento se espalhavam pela plateia. O que inicialmente havia sido recebido com confusão e estranhamento se transformou em sorrisos, lágrimas e suspiros de admiração. A música, em sua forma mais pura e inesperada, tocava as almas dos presentes, levando-os a um estado de encantamento e conexão com a arte e a emoção.

O impacto emocional na plateia era palpável, com olhares vidrados no palco e corações pulsando em sintonia com a melodia que se desenrolava. A música havia transcendido as barreiras do convencional, levando a plateia a uma jornada inesperada de beleza e significado.

Conclusão do Capítulo

A experiência vivida pela plateia naquele momento de surpresa e encantamento traz consigo uma reflexão profunda sobre a natureza da música e sua capacidade de transcender as expectativas e tocar os corações humanos. A relevância desse momento para a narrativa é inegável, pois representa um ponto de virada na jornada tanto do garoto quanto do maestro, impactando suas vidas de maneiras inesperadas e profundas.

CAPÍTULO 6
A Combinação e Estrutura da Música
Interpretação Conjunta

A música é uma forma de arte que frequentemente envolve a colaboração de diferentes músicos, cada um contribuindo com sua própria interpretação e estilo. No contexto da jornada do menino e do maestro, a interpretação conjunta da melodia é fundamental para a evolução da narrativa.

O papel do garoto na melodia é marcado por sua espontaneidade e autenticidade. Sua interpretação traz uma energia única, refletindo sua conexão com a infância e sua pureza de expressão. Essa abordagem singular adiciona camadas de emoção e significado à música, enriquecendo a experiência para o público e influenciando a dinâmica da execução.

Por outro lado, a contribuição do maestro é de refinamento e direção. Sua experiência e habilidade técnica permitem que ele guie a interpretação do garoto, harmonizando-a com a orquestra e criando uma sinergia que eleva a melodia a novas alturas. A combinação dessas duas abordagens distintas resulta em uma performance musical cativante e emocionante.

Harmonia e Melodia

Na música, a harmonia e a melodia são elementos essenciais que se entrelaçam para criar uma composição coesa e envolvente. No contexto do concerto do menino e do maestro, a harmonia entre esses elementos musicais desempenha um papel crucial na estrutura da música e na experiência do público.

O equilíbrio entre a harmonia e a melodia é fundamental para a execução bem-sucedida da música. A orquestração cuidadosa desses elementos permite que cada instrumento e voz contribuam para a sonoridade geral, criando uma experiência auditiva rica e envolvente. A complementaridade na execução, onde cada instrumento e voz se entrelaçam em uma dança musical harmoniosa, é o que dá vida à melodia e transmite emoção ao público.

Impacto Sonoro

A combinação e estrutura da música têm o poder de criar uma nova experiência sensorial para o público. A interação entre a interpretação do garoto, a direção do maestro e a execução da orquestra resulta em um impacto sonoro que transcende a mera audição.

A criação de uma nova experiência sonora é evidente na forma como a melodia se desdobra, levando o público a uma jornada emocional e intelectual. A combinação de diferentes timbres, ritmos e dinâmicas cria uma tapeçaria sonora que cativa e emociona, levando os ouvintes a um estado de contemplação e admiração.

A reação do público à composição é um reflexo direto desse impacto sonoro. As expressões de encantamento, emoção e admiração evidenciam a profundidade da conexão estabelecida através da música, demonstrando o poder transformador da combinação e estrutura da melodia.

Conclusão do Capítulo

A colaboração musical entre o garoto, o maestro e a orquestra ilustra a importância da interpretação conjunta, da harmonia e da melodia na criação de uma experiência sonora significativa. A combinação e estrutura da música não apenas influenciam o impacto sonoro, mas também enriquecem a narrativa da jornada do menino e do maestro.

Esses elementos musicais desempenham um papel vital na evolução da história, refletindo temas mais amplos de colaboração, harmonia e impacto emocional. A compreensão da colaboração musical pode oferecer insights valiosos sobre a importância da cooperação e da complementaridade na busca de objetivos comuns.

CAPÍTULO 7
A Importância dos Desejos e Projetos
Visão dos Desejos e Projetos

Os desejos e projetos de cada indivíduo são moldados por suas experiências, valores e aspirações. A interpretação desses desejos e projetos é altamente individual, refletindo a complexidade e singularidade de cada pessoa. O que pode parecer um simples desejo para uma pessoa, pode representar a realização de um sonho para outra.

O significado pessoal atribuído aos desejos e projetos é fundamental para a motivação e a busca pela realização. Ao compreender a importância da interpretação individual, somos capazes de valorizar a diversidade de objetivos e sonhos que impulsionam as pessoas em suas jornadas.

Alcance dos Objetivos

O alcance dos objetivos está intrinsecamente ligado à determinação e persistência de cada indivíduo. A jornada para concretizar os desejos e projetos muitas vezes requer superação de desafios, enfrentamento de obstáculos e a capacidade de perseverar diante das adversidades.

Além disso, a relevância dos pequenos passos ao longo do caminho não pode ser subestimada. Cada avanço, por menor que pareça, contribui para a construção do caminho em direção aos objetivos almejados. A soma de pequenas conquistas é o que impulsiona o progresso e fortalece a determinação para alcançar os sonhos.

Desenvolvimento Pessoal

O processo de busca e realização dos desejos e projetos é uma oportunidade contínua de desenvolvimento pessoal. A jornada em direção aos objetivos proporciona aprendizado constante, estimula o crescimento e promove a evolução do indivíduo.

O aprendizado contínuo, tanto nas vitórias quanto nas derrotas, é essencial para o amadurecimento e aprimoramento pessoal. Cada desafio superado e cada obstáculo enfrentado contribuem para a construção de uma base sólida de experiências e conhecimentos, fundamentais para o crescimento e evolução ao longo da vida.

Conclusão do Capítulo

A importância dos desejos e projetos na vida de cada indivíduo é inegável. A interpretação individual, o alcance dos objetivos, o desenvolvimento pessoal e a constante busca pela realização são elementos essenciais que moldam as trajetórias de vida. Refletir sobre a importância desses aspectos nos permite compreender a complexidade e a riqueza das jornadas pessoais, evidenciando a relevância dos desejos e projetos para a narrativa de cada indivíduo.

CAPÍTULO 8
O Significado do Cai, Cai Balão
Origem da Melodia

A canção "Cai, Cai Balão" possui uma origem profundamente enraizada no contexto cultural e infantil. Sua melodia alegre e cativante é frequentemente associada a festas juninas e brincadeiras de crianças. A letra simples e fácil de memorizar contribui para a popularidade duradoura dessa canção folclórica.

O "Cai, Cai Balão" é uma das canções mais conhecidas e apreciadas no repertório das festas juninas no Brasil. Sua melodia alegre e ritmada é frequentemente acompanhada por danças e brincadeiras, criando um ambiente festivo e acolhedor, especialmente para as crianças.

Metáfora da Canção

Além de sua natureza lúdica, a canção "Cai, Cai Balão" carrega consigo uma poderosa metáfora que ressoa em diferentes aspectos da vida. A imagem do balão que sobe, desce e eventualmente se desfaz pode ser interpretada simbolicamente como a jornada dos desejos e projetos humanos.

Ao entoar os versos de "Cai, Cai Balão", é possível refletir sobre a natureza transitória dos nossos sonhos e aspirações. Assim como o balão que eventualmente cai, nossos desejos podem encontrar obstáculos e desafios, mas também podem trazer alegria e encantamento durante sua ascensão.

Universalidade da Mensagem

A mensagem contida na canção "Cai, Cai Balão" transcende fronteiras e gerações, sendo aplicável em diferentes contextos e relevante para todas as idades. A metáfora do balão pode ser compreendida por crianças, jovens e adultos, cada um interpretando-a de acordo com suas experiências e perspectivas de vida.

Independentemente da idade ou origem cultural, a canção "Cai, Cai Balão" consegue tocar os corações das pessoas, lembrando-as da efemeridade da vida e da importância de apreciar cada momento, mesmo que passageiro. Sua mensagem atemporal ressoa em diferentes situações, proporcionando reflexões sobre a natureza humana e a jornada pessoal de cada indivíduo.

Conclusão do Capítulo

Ao refletir sobre o significado da canção "Cai, Cai Balão", somos convidados a contemplar a efemeridade dos nossos desejos e projetos, a encontrar beleza na jornada, mesmo que repleta de altos e baixos, e a valorizar cada instante de alegria e encantamento. A universalidade dessa mensagem a torna relevante para a narrativa de "O Menino e o Maestro", enriquecendo a compreensão dos temas abordados ao longo da obra.

CAPÍTULO 9
O Acompanhamento do Criador
Presença do Criador

A presença do Criador na jornada pessoal é um tema de profunda importância e significado. A conexão espiritual com o Criador transcende as barreiras do tempo e do espaço, proporcionando um senso de orientação e propósito. Essa conexão é a fonte de inspiração e força para enfrentar os desafios da vida.

A influência do Criador na jornada pessoal se manifesta de maneiras sutis e poderosas. É como uma luz que guia o caminho, oferecendo conforto nos momentos de dificuldade e encorajamento nos momentos de dúvida. A presença do Criador é sentida no âmago do ser, nutrindo a alma e proporcionando um sentido de pertencimento e proteção.

Auxílio Divino

O auxílio divino é uma expressão do amor incondicional do Criador. É o suporte nos desafios, a mão estendida que ampara e fortalece. Nos momentos de adversidade, o auxílio divino se revela como uma fonte de coragem e esperança, capacitando o indivíduo a superar obstáculos e a encontrar soluções para os dilemas da vida.

A inspiração e orientação provenientes do Criador são como bússolas que apontam para o verdadeiro norte da existência. Elas oferecem clareza de propósito e direção, capacitando o indivíduo a tomar decisões alinhadas com sua essência mais profunda. O auxílio divino é a manifestação do amor e da sabedoria divina, que se fazem presentes em todos os aspectos da jornada pessoal.

Relação com os Desejos e Projetos

A conexão com o Criador proporciona um alinhamento com um propósito maior, transcendendo os desejos e projetos individuais. É a compreensão de que a realização pessoal e espiritual está intrinsecamente ligada ao plano divino, e que os desejos e projetos ganham significado quando estão em harmonia com esse plano.

A realização pessoal e espiritual é o fruto dessa conexão profunda com o Criador. É a manifestação da essência divina no mundo material, é a expressão autêntica do ser em consonância com a vontade do Criador. A jornada pessoal se torna um caminho de evolução espiritual, onde os desejos e projetos se entrelaçam com a vontade divina, criando uma sinfonia de realizações e aprendizados.

Conclusão do Capítulo

A importância da conexão com o Criador permeia todos os aspectos da narrativa da vida. É a força motriz que impulsiona o indivíduo a buscar a excelência, a viver com compaixão e a contribuir para um mundo melhor. A presença do Criador na jornada pessoal é a essência que dá significado e profundidade a cada experiência, é a fonte inesgotável de amor e sabedoria que guia e sustenta a existência.

CAPÍTULO 10
Manter o Cai, Cai Balão em Movimento
Persistência e Resiliência

A jornada da vida, assim como a música, muitas vezes nos apresenta obstáculos e desafios inesperados. Nesses momentos, a persistência e a resiliência se tornam essenciais para manter o "Cai, Cai Balão" em movimento. Superar obstáculos requer força interior, determinação e a capacidade de se adaptar às circunstâncias adversas.

É importante compreender que os obstáculos fazem parte do caminho e que cada desafio superado nos fortalece. A resiliência nos permite enfrentar as dificuldades com coragem e perseverança, mantendo viva a chama da esperança e da superação.

Superar Obstáculos

Superar obstáculos exige coragem e determinação. Muitas vezes, nos deparamos com situações que parecem intransponíveis, mas é justamente nesses momentos que a resiliência se faz mais necessária. Ao enfrentar os obstáculos com resolução, somos capazes de encontrar soluções e seguir em frente, fortalecidos pela experiência.

A superação de obstáculos também nos proporciona um senso de realização e confiança em nossas capacidades. Cada desafio vencido nos torna mais preparados para os desafios futuros, alimentando a chama da perseverança e da determinação.

Adaptabilidade e Flexibilidade

A vida é dinâmica e está em constante mudança. Nesse contexto, a capacidade de se adaptar e ser flexível se torna fundamental para manter o "Cai, Cai Balão" em movimento. Aqueles que conseguem se adaptar às circunstâncias e permanecer flexíveis diante dos desafios têm maior probabilidade de superá-los com sucesso.

A adaptabilidade e a flexibilidade nos permitem encontrar novas abordagens para os problemas, explorar novas oportunidades e aprender com as experiências. Ao invés de resistir às mudanças, podemos abraçá-las e utilizá-las como catalisadoras para o nosso crescimento e desenvolvimento pessoal.

Pense e Reflita
Manter o Cai, Cai Balão em Movimento
Persistência e Resiliência

A vida é dinâmica e está em constante mudança. Nesse contexto, a capacidade de se adaptar e ser flexível se torna fundamental para manter o "Cai, Cai Balão" em movimento. Aqueles que conseguem se adaptar às circunstâncias e permanecer flexíveis diante dos desafios têm maior probabilidade de superá-los com sucesso.

A adaptabilidade e a flexibilidade nos permitem encontrar novas abordagens para os problemas, explorar novas oportunidades e aprender com as experiências. Ao invés de resistir às mudanças, podemos abraçá-las e utilizá-las como catalisadoras para o nosso crescimento e desenvolvimento pessoal.

Progresso Contínuo

O "Cai, Cai Balão" representa a ideia de avançar constantemente, mesmo diante das adversidades. Para manter esse movimento, é fundamental buscar o progresso contínuo em todas as áreas da vida. Estabelecer metas, aprender com os desafios e buscar equilíbrio e bem-estar são elementos essenciais para sustentar esse progresso.

Estabelecimento de Metas

Estabelecer metas claras e alcançáveis é fundamental para manter o "Cai, Cai Balão" em movimento. As metas nos proporcionam direção e propósito, incentivando-nos a avançar em direção aos nossos objetivos. Ao definir metas realistas e mensuráveis, podemos acompanhar nosso progresso e celebrar as conquistas ao longo do caminho.

Além disso, as metas nos desafiam a sair da zona de conforto e a buscar constantemente o crescimento pessoal e profissional. Elas nos inspiram a superar limites e a expandir nossos horizontes, impulsionando-nos em direção a uma vida mais significativa e realizada.

Aprendizado com Desafios

Cada desafio enfrentado ao longo da jornada oferece oportunidades valiosas de aprendizado e crescimento. Ao invés de temer os desafios, podemos encará-los como oportunidades para adquirir novos conhecimentos, desenvolver habilidades e fortalecer nossa resiliência. O "Cai, Cai Balão" nos convida a aprender com os desafios e a transformar as adversidades em oportunidades de crescimento.

O aprendizado com os desafios nos permite adquirir uma compreensão mais profunda de nós mesmos e do mundo ao nosso redor. Ao enfrentar os obstáculos com uma mentalidade de crescimento, somos capazes de transformar as dificuldades em trampolins para o nosso desenvolvimento pessoal e profissional.

Equilíbrio e Bem-Estar

Manter o "Cai, Cai Balão" em movimento também requer atenção ao equilíbrio e ao bem-estar. Cuidar da saúde mental e emocional, praticar o autocuidado e reservar tempo para o descanso são aspectos fundamentais para sustentar o fluxo constante de progresso e superação.

Saúde Mental e Emocional

A saúde mental e emocional desempenha um papel crucial na nossa capacidade de manter o "Cai, Cai Balão" em movimento. Cuidar da nossa saúde mental envolve a prática de hábitos saudáveis, a busca de apoio quando necessário e a atenção às nossas emoções e pensamentos. Ao cultivar a resiliência emocional e a estabilidade mental, estamos mais preparados para enfrentar os desafios da vida com clareza e equilíbrio.

Além disso, a busca por bem-estar emocional nos permite desfrutar mais plenamente das experiências positivas da vida, fortalecendo nossa capacidade de lidar com as adversidades de forma construtiva e saudável.

Autocuidado e Descanso

O autocuidado e o descanso são componentes essenciais para manter o "Cai, Cai Balão" em movimento. Cuidar de si mesmo, reservar tempo para atividades que trazem alegria e relaxamento, e priorizar o descanso adequado são práticas que sustentam nossa energia e vitalidade. Ao cuidar do nosso corpo e da nossa mente, estamos fortalecendo as bases para uma vida equilibrada e produtiva.

O descanso adequado nos permite recarregar as energias, restaurar o equilíbrio interno e enfrentar os desafios com renovada determinação. É através do autocuidado e do descanso que podemos manter o "Cai, Cai Balão" em movimento de forma sustentável e saudável.

Conclusão do Capítulo

O "Cai, Cai Balão" representa a jornada da vida, com seus altos e baixos, desafios e conquistas. Manter esse movimento exige persistência, resiliência, busca por progresso contínuo, equilíbrio e bem-estar. Ao superar obstáculos, estabelecer metas, aprender com os desafios, cuidar da saúde mental e emocional, praticar o autocuidado e reservar tempo para o descanso, estamos sustentando o fluxo constante de crescimento e evolução.

A importância da continuidade na busca por uma vida plena e significativa é evidente no movimento constante do "Cai, Cai Balão". Cada passo dado, cada desafio superado e cada momento de autocuidado contribuem para a narrativa da nossa jornada, fortalecendo nossa resiliência e impulsionando-nos em direção a uma vida de realizações e alegrias.

CAPÍTULO 11

Seguir em Frente Sem Cessar

Determinação e Foco

A jornada em busca dos sonhos e objetivos requer uma dose significativa de determinação e foco. A persistência na jornada é essencial para superar os desafios que inevitavelmente surgirão. É preciso manter a chama acesa, mesmo diante das dificuldades, e seguir em frente sem cessar.

A concentração e objetividade são fundamentais para manter o rumo e não se desviar do caminho traçado. É necessário estabelecer metas claras e manter o foco nelas, evitando distrações que possam desviar a atenção do que realmente importa. A determinação e o foco são como bússolas que guiam o indivíduo em direção à realização de seus objetivos.

Resiliência e Superar Adversidades

A resiliência é a capacidade de se adaptar e superar adversidades, transformando os desafios em oportunidades de crescimento. Ter uma mentalidade de crescimento é fundamental para encarar as dificuldades como parte integrante do processo de evolução. Cada obstáculo superado fortalece a resiliência e prepara o indivíduo para os desafios futuros.

Transformar desafios em oportunidades requer uma visão positiva e proativa diante das adversidades. Em vez de se deixar abater, é possível aprender com as dificuldades e utilizá-las como trampolim para alcançar novos patamares. A capacidade de superar adversidades é uma habilidade valiosa que contribui significativamente para o crescimento pessoal e profissional.

Apoio e Colaboração

Nenhuma jornada é percorrida sozinha. A rede de apoio e as parcerias desempenham um papel crucial no caminho em direção aos objetivos. Contar com o apoio de amigos, familiares, mentores e colegas de trabalho pode fornecer o suporte necessário nos momentos desafiadores. Além disso, a importância do trabalho em equipe não pode ser subestimada.

A troca de experiências, conhecimentos e habilidades em um ambiente colaborativo pode potencializar as conquistas individuais. A colaboração permite o compartilhamento de ideias e a resolução conjunta de problemas, resultando em soluções mais eficazes e inovadoras. A união de forças fortalece a jornada e torna o caminho mais prazeroso e enriquecedor.

Conclusão do Capítulo

Mantendo o ritmo, a determinação e o foco, aliados à resiliência e à capacidade de superar adversidades, juntamente com o apoio e a colaboração de uma rede de apoio sólida, tornam-se elementos essenciais para seguir em frente sem cessar. Esses pilares são fundamentais para a narrativa da jornada em busca dos sonhos e objetivos, proporcionando a força e a sustentação necessárias para alcançar o sucesso.

CAPÍTULO 12
O Criador nos Acompanha
Presença Constante

A jornada da vida é permeada pela presença constante do Criador, que atua como guia e protetor em todos os momentos. Sua presença amorosa e compassiva se manifesta nas situações mais simples do cotidiano, assim como nos desafios mais complexos que enfrentamos. É a certeza de que nunca estamos sozinhos, pois o Criador está sempre ao nosso lado, orientando-nos e amparando-nos em cada passo que damos.

Independentemente das circunstâncias, podemos confiar na presença constante do Criador, que nos guia com amor incondicional e compaixão infinita. Sua luz ilumina o caminho, trazendo conforto e segurança, mesmo nos momentos de maior incerteza. É a certeza de que somos amparados por uma força maior, que nos sustenta em todos os aspectos de nossa jornada.

Guia e Protetor

O Criador assume o papel de guia e protetor em nossa jornada, oferecendo-nos orientação e amparo em todos os momentos. Sua sabedoria infinita nos conduz pelos caminhos da vida, auxiliando-nos a tomar decisões e enfrentar desafios. Além disso, Sua proteção nos envolve, proporcionando segurança e conforto, mesmo diante das adversidades que possamos encontrar.

Amor e Compaixão

O amor e a compaixão do Criador são incondicionais, envolvendo-nos em um manto de afeto e ternura. Sua presença amorosa se manifesta em cada experiência vivida, nutrindo-nos com a essência do amor divino. A compaixão do Criador nos acolhe em momentos de dor e sofrimento, trazendo consolo e esperança para nossos corações.

Sustentação e Amparo

Nos momentos difíceis da jornada, encontramos sustentação e amparo na presença do Criador. Sua força nos fortalece, proporcionando-nos a coragem necessária para superar os obstáculos que surgem em nosso caminho. Além disso, Seu amparo nos envolve em um abraço acolhedor, oferecendo-nos conforto e consolo diante das adversidades que enfrentamos.

Força nos Momentos Difíceis

O Criador nos sustenta com Sua força nos momentos mais desafiadores, infundindo-nos coragem e determinação para enfrentar as provações que surgem em nossa jornada. Sua presença nos fortalece, capacitando-nos a superar as dificuldades com resiliência e esperança. É a certeza de que, mesmo diante das tempestades, somos amparados por uma força maior que nos impulsiona a seguir em frente.

Conforto e Consolo

O amparo do Criador nos envolve em um conforto que transcende as palavras, acalmando nossos corações e aliviando nossas dores. Sua presença nos oferece o consolo necessário para atravessar os momentos de aflição, trazendo paz e serenidade para nossa alma. É a certeza de que, em meio às tribulações, somos envolvidos por um amor que tudo acalma e tudo cura.

Conexão Espiritual

A presença constante do Criador nos conduz a uma profunda conexão espiritual, que nos aproxima de Sua essência divina. Nesse caminho da espiritualidade, encontramos compreensão e acolhimento, permitindo-nos mergulhar nas profundezas do divino. É a jornada da alma em busca de sua origem, em um encontro sagrado que revela a grandiosidade do Criador em cada aspecto de nossa existência.

Caminho da Espiritualidade

A conexão espiritual com o Criador nos conduz por um caminho de descobertas e revelações, proporcionando-nos a compreensão da essência divina que habita em nosso ser. Nesse percurso, encontramos respostas para as indagações mais profundas de nossa alma, nutrindo-nos com a sabedoria do divino. É a jornada da espiritualidade, que nos leva a desvendar os mistérios do Criador e a compreender Sua presença em cada aspecto de nossa vida.

Compreensão do Divino

A conexão espiritual nos conduz à compreensão do divino, revelando-nos a grandiosidade e a magnitude do Criador em toda a criação. Nesse encontro sagrado, somos envolvidos pela luz do amor divino, que ilumina nosso ser e nos guia em direção à plenitude espiritual. É a certeza de que, ao compreender o divino, encontramos a essência de nossa própria existência, em um encontro que transcende as fronteiras do tempo e do espaço.

Você Sabia?

O Criador nos Acompanha

Conexão Espiritual

Compreensão do Divino

A conexão espiritual nos conduz à compreensão do divino, revelando-nos a grandiosidade e a magnitude do Criador em toda a criação. Nesse encontro sagrado, somos envolvidos pela luz do amor divino, que ilumina nosso ser e nos guia em direção à plenitude espiritual. É a certeza de que, ao compreender o divino, encontramos a essência de nossa própria existência, em um encontro que transcende as fronteiras do tempo e do espaço.

Conclusão do Capítulo

O Criador nos acompanha em todos os momentos de nossa jornada, oferecendo-nos Sua presença constante, Seu sustento amoroso e Sua orientação compassiva. Em meio às vicissitudes da vida, encontramos no Criador a força para seguir adiante, o conforto para nossas dores e a compreensão espiritual que nos conecta à essência divina. É a certeza de que, em Sua presença, encontramos a confiança e a esperança necessárias para trilhar o caminho da vida com serenidade e gratidão.

CAPÍTULO 13
Criando as Bases e as Melodias
Fundamentos da Música

A música é uma forma de arte que se baseia em diversos fundamentos para criar composições harmoniosas e expressivas. Dois dos principais elementos fundamentais da música são o ritmo e a harmonia.

Ritmo e Harmonia

O ritmo é a organização do tempo em uma obra musical. Ele é responsável por estabelecer a pulsação e a divisão rítmica, criando a base sobre a qual a melodia e a harmonia são construídas. Já a harmonia refere-se à combinação de notas tocadas simultaneamente, formando acordes que contribuem para a sonoridade global da música.

Melodia e Contraponto

A melodia é a sequência de notas que formam a linha principal de uma composição, sendo a parte da música que é mais facilmente cantada ou lembrada. O contraponto, por sua vez, diz respeito à combinação de diferentes melodias que são executadas simultaneamente, criando uma textura musical rica e complexa.

Teste Seu Conhecimento

Qual a definição de melodia na música?

1. A sequência de acordes de uma composição musical.
2. A sequência de notas que formam a linha principal de uma composição.
3. O ritmo da música.

Qual a definição de contraponto na música?

1. Um tipo de instrumento musical de sopro.
2. Uma técnica de composição que combina diferentes melodias executadas simultaneamente.
3. Um estilo musical originário da África.

Processo Criativo

O processo criativo na música envolve a concepção e elaboração de novas composições, desde a fase inicial de inspiração até a realização e interpretação da obra.

Composição e Arranjo

A composição musical é o ato de criar uma obra original, desenvolvendo ideias musicais e estruturando-as em uma forma coerente. O arranjo, por sua vez, consiste na organização e adaptação das partes musicais para diferentes instrumentos ou formações, visando uma execução específica.

Exploração de Timbres e Sons

A exploração de timbres e sons envolve a busca por novas possibilidades sonoras, experimentando diferentes instrumentos, técnicas de execução e recursos de produção para enriquecer a paleta sonora da composição.

Interpretação e Expressão

Além da criação, a música também demanda uma interpretação sensível e expressiva, que transmite as emoções e intenções do compositor para o público.

Técnica e Emoção

A técnica na execução musical é fundamental para garantir a precisão e a qualidade sonora, permitindo que a expressão emocional seja transmitida de forma eficaz. A emoção, por sua vez, é o elemento que dá vida à música, conectando o intérprete e o ouvinte por meio de sentimentos e sensações.

Interpretação Artística

A interpretação artística é a capacidade do músico de imprimir sua própria visão e estilo à obra, tornando-a única e pessoal. Essa interpretação vai além da mera reprodução das notas, envolvendo uma compreensão profunda da obra e uma entrega emocional autêntica.

Conclusão do Capítulo

A criatividade é essencial em todos os aspectos da música, desde a concepção de novas composições até a interpretação artística. A compreensão dos fundamentos musicais, o processo criativo e a expressão emocional são elementos cruciais para a construção de uma narrativa musical rica e significativa.

CAPÍTULO 14
Persistência nos Objetivos
Definição de Metas

Definir metas é um passo fundamental para alcançar o sucesso em qualquer empreendimento. As metas devem ser específicas e mensuráveis, ou seja, devem ser claras e quantificáveis. Ao estabelecer metas específicas, é mais fácil acompanhar o progresso e avaliar o sucesso. Além disso, as metas devem estar alinhadas com os valores e propósito pessoal, garantindo que representem conquistas significativas e estejam em harmonia com a visão de vida de cada indivíduo.

Quando as metas são específicas e mensuráveis, torna-se mais fácil criar um plano de ação para alcançá-las. Isso proporciona clareza e direção, permitindo que sejam identificadas as etapas necessárias para atingir cada objetivo. Ao alinhar as metas com os valores e propósito, a motivação para alcançá-las se torna mais forte, pois estão conectadas a algo significativo e pessoal.

Planejamento e Estratégia

O planejamento e a estratégia são essenciais para transformar metas em realidade. Ao estabelecer metas específicas e mensuráveis, é possível criar um plano detalhado que inclua as etapas necessárias para alcançar cada objetivo. O planejamento envolve a definição de prazos, a identificação de recursos necessários e a organização das atividades em uma sequência lógica.

Além disso, a estratégia inclui a capacidade de adaptação e flexibilidade. Nem sempre as coisas saem como planejado, e é importante estar aberto a ajustes e mudanças de rota. A flexibilidade permite lidar com imprevistos e encontrar novas maneiras de superar obstáculos, mantendo o foco no objetivo final.

Motivação e Determinação

A motivação desempenha um papel fundamental na busca das metas estabelecidas. A autoconfiança e a autoestima são importantes para manter a motivação ao longo do caminho. Acreditar nas próprias habilidades e capacidades é essencial para superar desafios e persistir mesmo diante das dificuldades.

Além disso, a determinação é necessária para superar obstáculos e adversidades que possam surgir. A capacidade de perseverar diante das dificuldades é o que diferencia aqueles que alcançam seus objetivos daqueles que desistem no meio do caminho. A determinação impulsiona a ação e mantém o foco mesmo em momentos desafiadores.

Conclusão do Capítulo

A resiliência e a perseverança são aspectos fundamentais para a concretização de objetivos. Ao definir metas específicas e alinhadas com os valores pessoais, criar um planejamento flexível e manter a motivação e determinação, é possível superar obstáculos e alcançar o sucesso. A persistência nos objetivos é uma característica essencial para aqueles que desejam transformar sonhos em realidade e alcançar realizações significativas em suas vidas.

CAPÍTULO 15

Avançar com Metas

Progresso Gradual

A jornada em direção às metas muitas vezes é marcada por um progresso gradual, composto por passos incrementais que, embora possam parecer pequenos individualmente, contribuem significativamente para o avanço geral. Cada passo adiante representa um avanço na direção desejada, e a avaliação constante e os ajustes ao longo do caminho são essenciais para garantir que o progresso seja consistente e eficaz.

Ao quebrar as metas em etapas menores e mais gerenciáveis, é possível manter o foco e a clareza sobre o que precisa ser feito. Isso também permite uma avaliação mais precisa do progresso e a identificação de áreas que podem exigir ajustes ou realinhamentos. O progresso gradual, embora possa demandar paciência, é fundamental para a construção de uma base sólida em direção ao alcance das metas estabelecidas.

Foco e Determinação

O foco e a determinação desempenham papéis cruciais no avanço em direção às metas. A capacidade de concentrar-se nas tarefas e objetivos estabelecidos, mesmo diante de desafios e distrações, é fundamental para manter o progresso constante. A concentração permite a imersão completa nas atividades necessárias para alcançar as metas, enquanto a persistência ajuda a superar obstáculos e a manter o impulso, mesmo diante de contratempos.

Além disso, a eliminação de distrações e a criação de um ambiente propício ao foco são estratégias importantes para garantir que a energia e a atenção estejam direcionadas para as atividades que contribuem diretamente para o avanço em direção às metas estabelecidas. A combinação de foco e determinação é essencial para manter a motivação e a clareza ao longo da jornada.

Celebração das Conquistas

À medida que o progresso gradual e o foco determinado levam à conquista de marcos e metas intermediárias, é importante celebrar essas conquistas. A celebração das conquistas não apenas reconhece o esforço e a dedicação dedicados ao alcance das metas, mas também serve como uma fonte de motivação para enfrentar novos desafios e continuar avançando.

Recompensar a si mesmo e reconhecer o progresso feito até o momento são práticas que reforçam a autoconfiança e incentivam a manutenção do ritmo. A celebração das conquistas também proporciona um momento de reflexão sobre o caminho percorrido, permitindo a avaliação do progresso e a identificação de lições aprendidas ao longo do percurso. Essa prática contribui para manter a motivação e o entusiasmo para os desafios que ainda estão por vir.

Conclusão do Capítulo

O progresso gradual, o foco e a determinação, juntamente com a celebração das conquistas, são elementos essenciais para avançar com metas de forma consistente e eficaz. Cada um desses aspectos desempenha um papel fundamental na jornada em direção ao alcance de objetivos, proporcionando a base necessária para a realização pessoal e profissional.

A importância do progresso constante, da concentração e da celebração das conquistas é evidente em todas as áreas da vida, e sua relevância para a narrativa do "O Menino e o Maestro" é clara. Esses elementos refletem a determinação e o comprometimento necessários para alcançar os desejos e projetos, contribuindo para a evolução dos personagens e para o desenvolvimento da trama.

CAPÍTULO 16
Dedicação para Alcançar
Comprometimento e Esforço

Dedicar-se a um objetivo requer um alto nível de comprometimento e esforço. A consistência e disciplina são fundamentais para alcançar o sucesso em qualquer empreendimento. Isso significa estabelecer uma rotina e seguir um plano de ação de forma constante, mesmo diante de desafios e contratempos. Além disso, muitas vezes, alcançar um objetivo requer sacrifícios e renúncias, pois nem sempre o caminho será fácil, e é preciso estar disposto a abrir mão de certas comodidades em prol do objetivo maior.

Aprendizado Contínuo

O processo de dedicação para alcançar um objetivo está intrinsecamente ligado ao aprendizado contínuo. Desenvolver habilidades, adquirir novos conhecimentos e buscar constantemente o aprimoramento são aspectos essenciais nessa jornada. O indivíduo dedicado está sempre em busca de novas formas de melhorar e se aperfeiçoar, buscando feedback e realizando ajustes conforme necessário. A capacidade de aprender com as experiências e aplicar esse aprendizado de forma proativa é um diferencial para aqueles que almejam alcançar grandes feitos.

Resiliência e Superar Desafios

A dedicação para alcançar um objetivo muitas vezes é posta à prova diante de adversidades e fracassos. A resiliência se torna um elemento crucial nesses momentos, permitindo que o indivíduo se recupere, aprenda com as dificuldades e siga em frente com determinação. Superar desafios exige a capacidade de se adaptar às circunstâncias e persistir mesmo diante das situações mais desafiadoras. A resiliência é a força que impulsiona o dedicado a continuar avançando, mesmo quando o caminho parece árduo.

Conclusão do Capítulo

A dedicação é um valor fundamental na busca por alcançar os objetivos estabelecidos. Através do comprometimento, esforço, aprendizado contínuo, resiliência e superação de desafios, o indivíduo se capacita para enfrentar os obstáculos que surgem no caminho. A valorização da dedicação é essencial para a narrativa, pois demonstra a importância de persistir e se empenhar na busca pelos sonhos e metas estabelecidas.

CAPÍTULO 17
Manter-se Sempre Aprendiz
Atitude de Curiosidade

A atitude de curiosidade é essencial para manter-se sempre aprendiz. Através da exploração e descoberta, somos capazes de ampliar nossos horizontes e adquirir novos conhecimentos. A curiosidade nos impulsiona a questionar o mundo ao nosso redor, estimulando a reflexão e o pensamento crítico.

Ao nos mantermos curiosos, estamos constantemente abertos a novas experiências e aprendizados. A disposição para explorar o desconhecido nos permite expandir nossos limites e nos tornar mais versáteis em nossa jornada de crescimento pessoal e profissional.

Exploração e Descoberta

A exploração e a descoberta são pilares fundamentais da atitude de curiosidade. Ao nos aventurarmos em novos territórios, sejam eles intelectuais, emocionais ou práticos, estamos constantemente ampliando nosso repertório de experiências e conhecimentos. A disposição para explorar o desconhecido nos permite descobrir novas paixões, interesses e habilidades que podem enriquecer significativamente nossas vidas.

A curiosidade nos impulsiona a investigar e experimentar, abrindo portas para novas oportunidades de aprendizado. Através da exploração ativa, somos capazes de nos manter sempre aprendizes, buscando constantemente novos desafios e conhecimentos que nos permitam evoluir e nos desenvolver de forma contínua.

Questionamento e Reflexão

O questionamento e a reflexão são ferramentas poderosas que surgem da atitude de curiosidade. Ao questionarmos o status quo e buscarmos compreender o porquê das coisas, estamos exercitando nossa capacidade de análise e crítica. A reflexão nos permite internalizar e processar as informações que adquirimos, transformando-as em sabedoria e entendimento.

Através do questionamento e da reflexão, somos capazes de aprofundar nosso aprendizado, desenvolvendo uma compreensão mais profunda e abrangente sobre os temas que nos interessam. Essas práticas nos permitem manter uma postura ativa diante do conhecimento, estimulando a constante busca por respostas e novos horizontes de compreensão.

Fatos e Estatísticas Rápidos

Atitude de Curiosidade

Questionamento e Reflexão

O questionamento e a reflexão são ferramentas poderosas que surgem da atitude de curiosidade. Ao questionarmos o status quo e buscarmos compreender o porquê das coisas, estamos exercitando nossa capacidade de análise e crítica. A reflexão nos permite internalizar e processar as informações que adquirimos, transformando-as em sabedoria e entendimento.

Através do questionamento e da reflexão, somos capazes de aprofundar nosso aprendizado, desenvolvendo uma compreensão mais profunda e abrangente sobre os temas que nos interessam. Essas práticas nos permitem manter uma postura ativa diante do conhecimento, estimulando a constante busca por respostas e novos horizontes de compreensão.

Desenvolvimento de Novas Competências

O desenvolvimento de novas competências é um aspecto fundamental do aprendizado contínuo. A busca por adquirir habilidades e conhecimentos, tanto de forma formal quanto informal, nos permite expandir nossa capacidade de atuação e nos tornar mais versáteis em diferentes contextos e desafios.

Através do aprendizado formal, como cursos, treinamentos e estudos acadêmicos, somos capazes de adquirir conhecimentos estruturados e fundamentais para o nosso desenvolvimento profissional e pessoal. Já o aprendizado informal, que pode ocorrer por meio de experiências práticas, interações sociais e autodidatismo, nos proporciona a oportunidade de explorar novas áreas de interesse e desenvolver habilidades de forma autônoma e adaptativa.

Aprendizado Formal e Informal

O aprendizado formal, por meio de instituições de ensino, cursos especializados e programas de capacitação, oferece uma base sólida de conhecimentos e competências. Através de abordagens estruturadas e orientadas, somos capazes de adquirir expertise em áreas específicas, fundamentando nosso desenvolvimento profissional e intelectual.

Por outro lado, o aprendizado informal nos permite explorar interesses pessoais e desenvolver habilidades de forma mais flexível e adaptativa. Através da experimentação e da prática autodidata, somos capazes de expandir nossos horizontes de conhecimento, muitas vezes de maneira interdisciplinar e inovadora.

Experiências Práticas

As experiências práticas desempenham um papel fundamental no desenvolvimento de novas competências. A aplicação do conhecimento teórico em situações reais nos permite consolidar e aprimorar nossas habilidades, além de nos proporcionar insights valiosos sobre a prática profissional e as demandas do mundo real.

Através de estágios, projetos práticos e vivências profissionais, somos capazes de integrar o aprendizado teórico com a realidade do mercado de trabalho, desenvolvendo competências essenciais para o nosso crescimento e atuação profissional. As experiências práticas nos desafiam a aplicar nossos conhecimentos de forma efetiva e a nos adaptar a diferentes contextos e demandas, enriquecendo significativamente nossa bagagem de competências.

Humildade e Abertura

A humildade e a abertura são qualidades fundamentais para manter-se sempre aprendiz. A aceitação de feedback e o reconhecimento das próprias limitações nos permitem crescer de forma contínua, mantendo uma postura receptiva diante das oportunidades de aprendizado e desenvolvimento pessoal.

Ao cultivarmos a humildade, estamos reconhecendo que sempre há algo novo a aprender e que o conhecimento é um processo contínuo e infindável. A abertura para receber feedback e críticas construtivas nos permite identificar áreas de melhoria e aprimoramento, fortalecendo nossa capacidade de adaptação e evolução.

Aceitação de Feedback

A aceitação de feedback é uma prática essencial para o desenvolvimento pessoal e profissional. Ao recebermos retornos sobre nosso desempenho e atuação, somos capazes de identificar pontos de melhoria e oportunidades de crescimento, além de fortalecer nossos pontos fortes e habilidades já desenvolvidas.

A disposição para acolher feedback de forma construtiva e proativa nos permite aprimorar nossa performance e atuação, além de fortalecer nossos relacionamentos interpessoais e profissionais. O feedback é uma ferramenta valiosa para o aprendizado contínuo, proporcionando insights e orientações que contribuem significativamente para o nosso desenvolvimento.

Reconhecimento das Limitações

O reconhecimento das próprias limitações é um passo importante para o crescimento pessoal e profissional. Ao identificarmos áreas em que precisamos melhorar e nos desenvolver, estamos abrindo espaço para o aprendizado e a evolução, fortalecendo nossa capacidade de superação e adaptação.

A consciência das nossas limitações nos permite buscar apoio, orientação e capacitação em áreas em que precisamos crescer, além de nos motivar a buscar novos desafios e oportunidades de aprendizado. O reconhecimento das limitações é um sinal de maturidade e autoconhecimento, demonstrando a disposição para evoluir e se tornar uma versão aprimorada de si mesmo.

Conclusão do Capítulo

Manter-se sempre aprendiz é um compromisso com o crescimento pessoal e profissional. A atitude de curiosidade, o desenvolvimento de novas competências e a humildade e abertura são pilares fundamentais para uma jornada de aprendizado contínuo e evolução.

Os benefícios do aprendizado contínuo se refletem em uma maior adaptabilidade, versatilidade e capacidade de inovação, além de fortalecerem nossa resiliência e capacidade de superação diante dos desafios. A relevância do aprendizado contínuo para a narrativa da vida é inegável, pois nos impulsiona a buscar constantemente novos horizontes e a nos tornar protagonistas ativos da nossa própria história.

CAPÍTULO 18
Evoluir para Conquistar a Liberdade

Autodesenvolvimento e Autoconhecimento

O processo de evoluir para conquistar a liberdade começa com o autodesenvolvimento e o autoconhecimento. Ao explorar nossas habilidades, somos capazes de identificar nossos pontos fortes e áreas que precisam de aprimoramento. Isso nos permite traçar um caminho de crescimento pessoal e profissional.

Além disso, a identificação de valores pessoais desempenha um papel fundamental nesse processo. Compreender o que é verdadeiramente importante para nós nos ajuda a tomar decisões alinhadas com nossas crenças e princípios, contribuindo para uma vida mais autêntica e significativa.

Desprendimento e Desapego

O desprendimento e o desapego são aspectos essenciais para alcançar a liberdade. Ao superar limitações, sejam elas emocionais, mentais ou físicas, nos libertamos das amarras que nos impedem de avançar. Isso envolve enfrentar medos, inseguranças e padrões limitantes, abrindo espaço para o crescimento e a expansão pessoal.

Além disso, minimizar dependências emocionais e materiais nos permite viver de forma mais independente e autêntica. A liberdade está intrinsecamente ligada à capacidade de sermos completos por nós mesmos, sem depender excessivamente de fatores externos para nossa felicidade e realização.

Empoderamento e Autonomia

O empoderamento e a autonomia são conquistados por meio da tomada de decisões conscientes e responsáveis. Ao assumir o controle de nossas escolhas, nos tornamos os protagonistas de nossas vidas, moldando nosso destino de acordo com nossos objetivos e valores. Isso nos permite agir com liberdade e responsabilidade, assumindo as rédeas de nossa própria existência.

Além disso, a busca pela independência nos capacita a enfrentar desafios e adversidades com resiliência e determinação. A liberdade não é apenas a ausência de restrições, mas também a capacidade de agir de acordo com nossos princípios, mesmo diante das dificuldades.

Conclusão do Capítulo

O processo de evoluir para conquistar a liberdade é uma jornada de autodescoberta, superação e empoderamento. Ao explorar nossas habilidades, identificar nossos valores, superar limitações, minimizar dependências e assumir a responsabilidade por nossas escolhas, nos tornamos mais livres para viver de acordo com nossa verdadeira essência.

Essa evolução pessoal é fundamental para a narrativa de "O Menino e o Maestro", pois reflete a busca do protagonista pela realização plena e pela expressão autêntica de sua arte. A liberdade conquistada por meio desse processo é um elemento transformador que impacta não apenas o indivíduo, mas também aqueles ao seu redor, contribuindo para um mundo mais rico em diversidade, criatividade e compaixão.

CAPÍTULO 19

O Desejo Divino
Significado Espiritual

O desejo divino é uma expressão que remete à conexão profunda com o divino, transcendendo as necessidades terrenas e buscando a realização espiritual. Envolve a compreensão do propósito e da missão de vida, alinhados com os princípios e valores universais.

Conexão com o Divino

A conexão com o divino representa a busca pela transcendência, pela ligação com algo maior do que nós mesmos. É a percepção da presença do sagrado em todas as coisas, a consciência da interconexão de toda a vida e a reverência pela fonte de toda criação.

Essa conexão pode se manifestar de diferentes formas, seja através da oração, meditação, contemplação da natureza, ou em momentos de profunda reflexão e introspecção. É a busca pela comunhão com o divino, nutrindo a espiritualidade e a fé.

Propósito e Missão

O desejo divino também está associado à compreensão do propósito e da missão de vida. É a busca por entender como podemos contribuir para o bem maior, como podemos expressar nossos dons e talentos em serviço aos outros e ao mundo.

Descobrir o propósito e a missão pessoal envolve um processo de autoconhecimento e autodescoberta, buscando alinhar nossas ações e escolhas com aquilo que ressoa mais profundamente em nosso ser, aquilo que nos conecta com a essência do divino que habita em cada um de nós.

Harmonia e Equilíbrio

A busca pelo desejo divino também está relacionada à busca pela harmonia e equilíbrio interior, bem como em nossos relacionamentos com os outros e com o mundo ao nosso redor. É a busca pela paz interior e por relacionamentos saudáveis e construtivos.

Paz Interior

A paz interior é um estado de ser que emerge da aceitação, do perdão, da compaixão e da gratidão. É a capacidade de encontrar serenidade mesmo em meio às adversidades, de cultivar a calma e a clareza mental, independentemente das circunstâncias externas.

Buscar o desejo divino implica em cultivar a paz interior, em reconhecer a presença do divino em cada momento e em cada experiência, confiando na sabedoria maior que permeia todas as coisas.

Relacionamentos Saudáveis

Os relacionamentos saudáveis são fundamentais para a busca do desejo divino, pois refletem a capacidade de estabelecer conexões baseadas no respeito, na empatia, na compreensão e no amor incondicional. São relações que nutrem o crescimento mútuo e o bem-estar coletivo.

Buscar o desejo divino implica em cultivar relacionamentos saudáveis, em promover a harmonia e a cooperação, em contribuir para a construção de comunidades sustentáveis e compassivas.

Realização e Plenitude

O desejo divino também está associado à busca pela realização pessoal e pela plenitude, entendendo que a verdadeira felicidade e satisfação vêm da expressão autêntica de quem somos e do serviço desinteressado aos outros.

Alinhamento com Valores Universais

Alinhar-se com os valores universais significa viver de acordo com princípios éticos e morais que promovem o bem-estar coletivo, a justiça, a compaixão, a verdade e a integridade. É buscar viver em harmonia com as leis naturais e espirituais que regem o universo.

Buscar o desejo divino implica em viver de acordo com valores universais, em promover a equidade, a solidariedade e a sustentabilidade, em contribuir para a construção de um mundo mais justo e amoroso.

Contribuição para o Bem Maior

A contribuição para o bem maior envolve a compreensão de que somos parte de um todo interconectado, e que nossas ações têm o poder de impactar positivamente a vida de outros seres e do planeta como um todo. É a busca por servir com amor e compaixão, sem esperar recompensas ou reconhecimento.

Buscar o desejo divino implica em contribuir para o bem maior, em agir em prol da justiça, da paz e da preservação da vida em todas as suas formas, em reconhecer a divindade em cada ser e em cada manifestação da criação.

Você Sabia?

Realização e Plenitude

Contribuição para o Bem Maior

A contribuição para o bem maior envolve a compreensão de que somos parte de um todo interconectado, e que nossas ações têm o poder de impactar positivamente a vida de outros seres e do planeta como um todo. É a busca por servir com amor e compaixão, sem esperar recompensas ou reconhecimento.

Buscar o desejo divino implica em contribuir para o bem maior, em agir em prol da justiça, da paz e da preservação da vida em todas as suas formas, em reconhecer a divindade em cada ser e em cada manifestação da criação.

Conclusão do Capítulo

O desejo divino representa a busca pela conexão com o sagrado, pela harmonia interior e pelos relacionamentos saudáveis, além de envolver a realização pessoal e a contribuição para o bem maior. Ao buscar o desejo divino, encontramos significado e propósito em nossa jornada, alinhando-nos com os valores universais e contribuindo para a manifestação de um mundo mais amoroso e compassivo.

CAPÍTULO 20
Viver em Liberdade e com Alegria
Liberdade Interior

A liberdade interior é um estado de espírito que se manifesta através da autoaceitação e autoestima. Quando nós aceitamos plenamente, com todas as nossas imperfeições e peculiaridades, abrimos espaço para a verdadeira liberdade. A autoestima saudável nos permite reconhecer nosso próprio valor, independentemente das opiniões alheias. Ao cultivar a autenticidade e expressão genuína, fortalecemos nossa liberdade interior, pois nos libertamos das amarras da inautenticidade e da busca por validação externa.

Autoaceitação e Autoestima

A autoaceitação é um ato de amor-próprio. É reconhecer e abraçar todas as partes de nós mesmos, inclusive aquelas que consideramos imperfeições. Ao praticar a autoaceitação, desenvolvemos uma relação mais compassiva e gentil conosco mesmos, o que nos liberta do peso da autocrítica e da busca incessante pela perfeição. A autoestima, por sua vez, é a confiança e o respeito que temos por nós mesmos, independentemente das circunstâncias externas. Quando cultivamos a autoestima, somos capazes de viver com mais liberdade e alegria, pois não dependemos da validação externa para nos sentirmos completos.

Autenticidade e Expressão

A autenticidade é a expressão genuína de quem somos, sem máscaras ou artifícios. Quando vivemos de forma autêntica, estamos em sintonia com nossa verdade interior, o que nos liberta das expectativas e pressões externas. A expressão autêntica de nossos pensamentos, sentimentos e valores nos permite viver com liberdade, pois não estamos mais presos à necessidade de nos encaixar em padrões impostos pela sociedade. Ao cultivar a autenticidade e a expressão genuína, abrimos espaço para uma vida mais plena e alegre, pois estamos alinhados com nossa essência mais profunda.

Desfrutando a Vida

Desfrutar a vida é uma arte que requer a prática da gratidão e apreciação dos momentos presentes. A capacidade de encontrar alegria nas pequenas coisas e de reconhecer as bênçãos que permeiam nosso cotidiano nos liberta da busca incessante por uma felicidade futura e nos permite viver com plenitude no aqui e agora. Momentos de alegria são como pequenos raios de sol que iluminam nosso caminho, trazendo calor e cor à jornada da vida.

Gratidão e Apreciação

A gratidão é a prática de reconhecer e valorizar as bênçãos que permeiam nossa vida diária. Quando cultivamos a gratidão, somos capazes de encontrar alegria e significado mesmo nas circunstâncias mais desafiadoras. A apreciação dos momentos presentes nos permite saborear a vida em sua plenitude, valorizando cada experiência, por mais simples que seja. Ao praticar a gratidão e apreciação, abrimos espaço para a alegria e a liberdade de viver de forma mais consciente e plena.

Momentos de Alegria

Os momentos de alegria são como pequenos tesouros que encontramos ao longo de nossa jornada. Podem ser um sorriso compartilhado, um pôr do sol deslumbrante, uma conversa inspiradora ou um gesto de bondade. Ao reconhecer e valorizar esses momentos, cultivamos uma atmosfera de alegria e gratidão em nossa vida. Desfrutar a vida não se trata apenas de buscar grandes realizações, mas de encontrar beleza e significado nos momentos cotidianos, celebrando a alegria que permeia nossa existência.

Impacto nas Relações

A liberdade e a alegria que cultivamos em nosso interior têm um impacto profundo em nossas relações interpessoais. A compaixão e a empatia nos permitem conectar de forma mais genuína com os outros, compartilhando a felicidade e construindo relacionamentos saudáveis e significativos. Ao vivermos com liberdade e alegria, somos capazes de irradiar esses sentimentos para o mundo ao nosso redor, contribuindo para um ambiente mais amoroso e acolhedor.

Compaixão e Empatia

A compaixão é a capacidade de sentir empatia e agir de forma solidária diante do sofrimento alheio. Quando cultivamos a compaixão, somos capazes de estender a mão ao próximo, oferecendo apoio e conforto. A empatia, por sua vez, nos permite compreender e compartilhar os sentimentos dos outros, fortalecendo os laços de compreensão e solidariedade. Ao vivermos com compaixão e empatia, contribuímos para um mundo mais humano e amoroso, onde a liberdade e a alegria podem florescer.

Compartilhando a Felicidade

Compartilhar a felicidade é um ato de generosidade e amor. Quando vivemos com liberdade e alegria, somos capazes de irradiar esses sentimentos para os outros, inspirando e elevando aqueles que nos cercam. A capacidade de compartilhar a felicidade fortalece nossos relacionamentos e cria uma atmosfera de amor e gratidão. Ao compartilhar a felicidade, multiplicamos sua presença em nossas vidas e na vida daqueles que nos rodeiam, criando um ciclo virtuoso de liberdade e alegria.

Retrato Biográfico
Viver em Liberdade e com Alegria
Impacto nas Relações
Compartilhando a Felicidade

Compartilhar a felicidade é um ato de generosidade e amor. Quando vivemos com liberdade e alegria, somos capazes de irradiar esses sentimentos para os outros, inspirando e elevando aqueles que nos cercam. A capacidade de compartilhar a felicidade fortalece nossos relacionamentos e cria uma atmosfera de amor e gratidão. Ao compartilhar a felicidade, multiplicamos sua presença em nossas vidas e na vida daqueles que nos rodeiam, criando um ciclo virtuoso de liberdade e alegria.

Conclusão do Capítulo

A liberdade e a alegria são pilares fundamentais para uma vida plena e significativa. Ao cultivar a liberdade interior, desfrutar a vida com gratidão e apreciação, e compartilhar a alegria com compaixão e empatia, somos capazes de viver de forma mais autêntica e conectada. A importância da liberdade e alegria se reflete não apenas em nossa própria jornada, mas também na forma como impactamos o mundo ao nosso redor. Que possamos nutrir e celebrar esses sentimentos em nossa vida diária, contribuindo para um mundo mais amoroso, livre e alegre.

Chamo-me Emerson Calejon, sou formado em Administração de Empresas, realizo pesquisas e sou autodidata em filosofia clássica e contemporânea. Sou estudante da espiritualidade e ciências humanas, possuo pós-graduação em psicologia existencial e psicanálise e tenho grande apreço pela escrita.

Publiquei um livro intitulado "Um olhar de misericórdia" voltado para a espiritualidade. Atualmente, estou lançando a história de "John River — O último desafio".

O que mais me traz felicidade é saber que sempre teremos novos desafios para enfrentarmos e continuarmos avançando em direção ao nosso progresso.

Agradeço!

"Ainda que eu falasse a língua dos Anjos e dos Homens, sem Amor, eu nada seria."

"Que Deus esteja com Todos."

Editora Home
2024

Don't miss out!

Visit the website below and you can sign up to receive emails whenever Emerson Calejon publishes a new book. There's no charge and no obligation.

https://books2read.com/r/B-A-MZIIB-DWDID

BOOKS 2 READ

Connecting independent readers to independent writers.